T b 55 2523

AF244603

RELATION

DU PASSAGE

DE LOUIS-NAPOLÉON

DANS LA MEURTHE,

A L'OCCASION

DE L'INAUGURATION

DU CHEMIN DE FER DE PARIS A STRASBOURG.

JUILLET 1852.

NANCY,

CHEZ HINZELIN ET Cᵉ, IMPRIMEURS,

Place du Marché, 67.

NANCY. — IMP. DE HINZELIN ET COMP

RELATION

DU PASSAGE

DE LOUIS-NAPOLÉON

DANS LA MEURTHE.

—

JUILLET 1852.

Le voyage de Louis-Napoléon dans les départemens de l'Est et du Midi, est appelé à tenir une place trop large dans l'histoire, pour qu'on ne cherche point à en rassembler tous les détails.

Nous laisserons parler les faits, plus éloquens d'ailleurs que les louanges qui accompagnent le plus souvent la narration des voyages princiers. Nous nous bornerons à suivre pas à pas le chef de l'Etat, et à enregistrer les incidens de cette première étape vers un ordre de choses que réclamait depuis longtemps la nation tout entière.

Avant de commencer notre récit, nous constaterons que c'est dans la Meurthe que pour là première fois Louis-Napoléon a été qualifié officiellement du titre d'*Altesse*, que la volonté nationale va bientôt changer en celui d'*Empereur*.

I.

JOURNÉE DU 17 JUILLET.

S. A. I. a été reçue sur les limites du département par M. de Sivry, préfet, accompagné de MM. Mamelle, secrétaire-général ; Lambert, sous-préfet de l'arrondissement de Toul ; le colonel Lallement, commandant la 22e légion de gendarmerie ; le chef d'escadron Renard (1), commandant la compagnie de la Meurthe, et d'un des administrateurs du Chemin de fer.

C'est à Foug, première station dans le département, que M. le préfet de la Meuse a été remplacé auprès du Prince par M. le préfet de la Meurthe.

Un arc-de-triomphe, construit avec une élégance remarquable, y avait été élevé par les soins du génie militaire de Toul. Il était composé d'armures de toutes sortes, de guirlandes de mousse et de feuilles de chênes artistement arrangées, de drapeaux et d'oriflammes aux couleurs nationales et présidentielles. Un aigle aux ailes déployées couronnait son sommet, et la frise portait cette inscription :

Paris. — Meurthe. — Strasbourg.

A Louis-Napoléon !

Le prince a fait reculer son wagon pour en bien voir tout l'effet.

MM. les maires, adjoints, curés et conseillers municipaux de Foug et des communes environnantes, avec tous leurs habitans, la compagnie de pompiers de Foug, la lieutenance de gendarmerie de Toul et des gardes forestiers, ainsi qu'une compagnie d'infanterie, s'y trouvaient déjà réunis depuis quelques heures.

M. Naquard, capitaine d'artillerie sous l'Empire, maire de Foug, et une des jeunes filles chargées d'offrir des fleurs, ont été introduits dans le wagon de S. A., à qui ils ont exprimé les sentimens de toute la population, du milieu de laquelle sortaient les cris de *vive Napoléon ! vive l'Empereur !* poussés avec enthousiasme à l'arrivée comme au départ.

Voici les paroles de M. Naquard :

« Monseigneur,

» J'ai l'honneur de me présenter accompagné du conseil muni-

---

(1) Aujourd'hui lieutenant-colonel commandant la 21e légion de gendarmerie à Besançon.

cipal de ma commune et des maires des communes environnantes, pour vous supplier d'agréer nos hommages respectueux.

» Nous venons dans un sentiment de vive reconnaissance, car
c'est à vous, Monseigneur, que nous sommes redevables de la
paix et de la tranquillité dont nous jouissons, et c'est en vous
que nous mettons toutes nos espérances. Daignez, Monseigneur,
agréer notre dévouement le plus absolu à votre auguste personne et à votre gouvernement.»

Après être resté six minutes à la station de Foug, où
l'accueil qui devait être fait dans la Meurthe au chef de l'Etat
était inauguré par les acclamations les plus chaleureuses, le
train s'est élancé vers Toul, où il est arrivé à six heures et demie.

Tous les habitans de cette antique cité Gauloise, dont la
gothique cathédrale rappelle la puissance de ses évêques, et
semble survivre au passé pour sourire aux progrès du présent,
s'étaient portés au-delà des fortifications. Se souvenant qu'ils
étaient les compatriotes de Gouvion Saint-Cyr, et que leur
ville avait été désarmée après 1815 pour avoir fermé ses portes
aux alliés, qui n'y entrèrent pas pendant la seconde invasion, ils
accueillirent le Prince comme le successeur de l'homme qu'ils
avaient défendu avec une constance héroïque dans les mauvais
jours.

La gare offrait un aspect des plus animés et des plus beaux.
Un arc de triomphe, formé de deux immenses trophées, réunis par une aigle aux ailes déployées et sur lequel on lisait :

Toul , a Louis-Napoléon !

20 *décembre.* — 17,000 *Oui,*

avait été posé en travers du chemin. Il était chargé de guirlandes et pavoisé de drapeaux aux couleurs nationales. De chaque
côté s'élevaient des mâts où flottaient des oriflammes vertes, se-
mées d'étoiles d'or.

En face, on avait dressé une tente magnifique, près de laquelle se tenaient les autorités, venues de tous les points de l'arrondissement. Le prince est descendu de son wagon. Il a été
reçu par M. Drouard, ancien capitaine de l'armée impériale,
chef de bataillon en retraite, officier de la Légion-d'Honneur,

maire de la ville, accompagné de MM. Aubry et Husson, adjoints, et de tout le conseil municipal. M. le maire a remis à S. A. une adresse conçue en ces termes :

« Monseigneur,

» Je viens, au nom de la ville de Toul, vous prier d'agréer l'hommage de son respect, de son dévouement, et vous dire combien elle aurait été heureuse de vous posséder dans ses murs.

» Permettez-nous également, Monseigneur, de vous exprimer notre reconnaissance pour tout le bien dont la France vous est déjà redevable. L'ordre et la confiance, tels étaient les plus pressans besoins du pays, tel était partout le cri du commerce, de l'industrie et de l'agriculture. Ces bienfaits, nous les devons à votre sage fermeté, à votre vigilance éclairée. Aussi, c'est le cœur plein d'espoir que nous marchons vers l'avenir, car notre belle patrie, à l'ombre tutélaire de cette autorité que soutiennent huit millions de suffrages, verra chaque jour croître et se féconder tous les germes de prospérité qu'elle renferme dans son sein.

» Prince, votre présence au milieu de nos laborieuses populations, que vous venez de réjouir par un acte tout récent de clémence, et dont vous avez voulu étudier par vous-même les besoins et les intérêts, est une nouvelle preuve des sentimens qui vous animent ; elle proclame bien haut votre sollicitude. Aussi permettez-nous, Monseigneur, de saluer en vous un bienfaiteur.

» *Vive Napoléon !* »

Le Prince a répondu par quelques mots empreints de la plus affectueuse bienveillance.

Un groupe de jeunes filles portant des fleurs était rangé sous la tente. L'une d'elles, Mlle Jordy, petite fille et nièce de généraux de l'Empire, s'est avancée auprès de S. A. au moment où elle montait les degrés de l'estrade, et, avec une modestie et une grâce parfaites, elle lui a adressé les simples paroles que voici :

« Prince,

» La France était jadis au pouvoir des étrangers, quand une pauvre jeune fille de la Lorraine eut la bonne pensée de cher-

cher à sauver le pays ; elle vint à Toul s'inspirer par la prière,
et, Dieu aidant, elle mena son entreprise à bien.

» De nos jours la France, nous a-t-on dit, était menacée jusque dans ses plus simples institutions : vous avez voulu la sauver.
La ville de Toul eût été heureuse de vous recevoir dans ses
murs, et de vous voir visiter les lieux où Jeanne-d'Arc s'affermit
dans sa sainte résolution. D'impérieuses nécessités ne permettent
pas qu'il en soit ainsi ; mais quand les populations saluent votre
passage de leurs reconnaissantes acclamations, permettez à des
enfans de vous offrir quelques fleurs ; ils y joignent des vœux et
des prières que Dieu exaucera, et vous aussi, Prince, vous
mènerez votre entreprise à bien. »

M. le préfet de la Meurthe a présenté ensuite à S. A. toutes
les autorités, ainsi que les maires et conseillers municipaux des
communes rurales. Deux de ces derniers ont remis des adresses
entre les mains de S. A. elle-même. M. Nitzer, maire de la
commune de Pagney depuis le mois de mai 1815, s'exprimait
ainsi :

« Monseigneur,

» Il nous est aussi flatteur qu'honorable en ce jour solennel
de vous annoncer que c'est pour la première fois de notre vie
que nous avons l'honneur et le bonheur de posséder votre digne
personne sur nos terres.

» Nous espérons que votre glorieux souvenir sera à jamais
gravé en nos cœurs et produira en nous un surcroît d'amour,
d'obéissance et de respect dû à votre autorité. Je profite de ce
grand jour, Monseigneur, pour vous offrir les hommages de ma
commune. Nous vous remercions tous d'avoir, par votre fermeté
et votre énergie, sauvé la France de l'abîme qui était sur le
point de l'engloutir ; d'avoir anéanti les projets de tant d'enne-
mis acharnés qui menaçaient notre belle patrie d'une ruine pro-
chaine ; et pour toute récompense, Monseigneur, nous vous
demandons votre estime et votre affection.

» Puissent ces vifs sentimens d'amour et de reconnaissance,
nous mériter toujours l'honneur de votre bienveillante protection !

» Veuille la divine Providence exaucer nos vœux en prolon-
geant vos années pour la gloire et le bonheur de la France!

» *Vive Louis-Napoléon !* »

Le discours de M. Hette, maire de la commune de Saulxu-res, parlant au nom des maires du canton de Colombey, était ainsi conçu :

« Monseigneur,

» Daignez permettre au délégué des maires des communes rurales du canton de Colombey de déposer à vos pieds l'expres-sion de la vive reconnaissance que nous tous, agriculteurs, et conséquemment amis de l'ordre, éprouvons envers le sauveur de notre belle patrie.

» Nous vous supplions, Prince, de couronner avec gloire les actes énergiques qui, jusqu'à ce jour, n'ont cessé d'éclore de votre Gouvernement.

» Ainsi, reconnaissance, honneur et gloire à notre bien-aimé Prince Louis-Napoléon, tel est le cri qui spontanément s'échappe de nos cœurs.

» *Vive le prince Louis-Napoléon!* »

M. Gérard, inspecteur primaire, en passant devant le Prince, lui a présenté au nom des instituteurs de l'arrondissement de Toul, l'adresse suivante :

» Monseigneur,

» Nous venons, guidés par le cœur, vous offrir l'hommage de notre respectueux attachement.

» Au devoir que nous avons accepté de développer les germes de la vertu dans l'âme de nos élèves, nous ajoutons la tâche bien douce d'y faire naître en même temps l'amour de nos nouvelles institutions, la soumission à la loi et la fidélité au Prince qui, après avoir sauvé la France de l'anarchie, s'inspire du génie de l'empereur pour lui rendre sa gloire et sa prospérité.

» *Vive Louis-Napoléon!* »

Après s'être entretenu avec quelques personnes, le Prince a, voulu passer devant la ligne de troupes, malgré son étendue, de manière à pouvoir être vu de tout le monde, et remercier lui-même les populations accourues de l'extrémité du départe-ment pour le saluer à son passage. Aussi l'enthousiasme était-il extraordinaire et les vivats les plus chaleureux en ont-ils été l'expression. Pas une bouche n'est restée muette et les cris de *vive l'Empereur !* se mêlèrent à ceux de *vive Louis-Napoléon !* Avant de remonter dans son wagon, S. A. a laissé à M. le maire de Toul une somme de 500 francs pour un ouvrier qui, le matin même, avait été grièvement blessé en travaillant aux préparatifs de la fête.

Le bruit du canon et le son des cloches n'ont cessé de retentir pendant toute la durée de la présence du chef de l'Etat à la station de Toul.

A Liverdun, un arc-de-triomphe d'un goût exquis avait été élevé par les soins du maire et des populations qui y attendaient le Prince; mais le retard déjà éprouvé aux diverses stations ne permit pas que le convoi s'y arrêtât. Ces braves gens en ont été dédommagés au retour.

Le temps d'arrêt d'une minute, à Frouard, où un arc-de-triomphe avait également été élevé, a été bien employé. Les maires, les curés, les conseillers municipaux et toutes les populations des environs ont pu contempler le chef de l'Etat et le saluer de leurs acclamations.

A sept heures et demie, la locomotive *pilote* annonçait, dans la gare de Nancy, l'arrivée du convoi présidentiel, qui y est entré un quart d'heure après.

Le Prince, en descendant de son wagon, a pris place sous une tente dressée dans la cour, où l'attendait M. le Maire, entouré de ses adjoints et du conseil municipal. Ce magistrat a, selon les anciennes traditions, présenté à son Altesse les clefs de la ville en lui remettant une adresse. Louis-Napoléon a remercié M. le maire avec affabilité.

Au moment où le Prince a paru, la compagnie de pompiers, qui avait accompagné la municipalité à la gare, la moitié des troupes d'infanterie et toute la cavalerie de la garnison, à la tête desquelles se trouvait le général Reyau, commandant la division de cavalerie de Lunéville, et M. le général de Saint-Mars, commandant le département, ont présenté les armes; les officiers et les drapeaux ont salué, tandis que les tambours battaient aux champs et que les trompettes sonnaient la marche. L'artillerie, placée à l'extrémité de la gare, a tiré une salve de cent un coups de canon. A la première salve, les cloches de toutes les églises ont sonné à grande volée jusqu'au moment où le Prince est entré au palais du Gouvernement.

Une députation des Vosges, composée de maires et de vieux soldats mutilés, a été présentée au chef de l'Etat par M. Depercy, préfet de ce département, dont voici le discours :

« Monseigneur,

» Daignez me permettre de présenter à V. A. I. ces anciens militaires du département des Vosges, nobles débris des armées qui, sous la conduite de l'Empereur, ont parcouru tant de champs de bataille et porté si loin et si haut la gloire de la France.

» Vous avez voulu leur donner un nouveau témoignage de votre intérêt. Oubliant aussitôt leur âge et leurs infirmités, ils se sont empressés de se rendre jusqu'à Nancy, poussés par l'ardent désir de voir de près l'héritier de leur empereur, le neveu du héros qu'ils ont tant aimé et servi avec tant de dévouement. Je serai ici le fidèle organe de leurs sentimens en vous disant, Monseigneur, qu'ils voudraient pouvoir vous servir vous-même comme ils ont servi votre oncle, et que, si l'âge a paralysé leurs forces et rendu leur zèle impuissant, leur cœur est resté le même.

» Qu'ils se consolent du moins, ces vieux braves, en songeant que leurs jeunes compatriotes les remplaceront auprès de vous. J'ai pu le voir, Monseigneur, en décembre dernier; j'ai pu constater que la population des Vosges était prête à se lever tout entière pour défendre, s'ils eussent été menacés, les droits de l'élu du peuple français, les droits de l'héritier de l'Empereur.

» Mes amis, il y a un demi-siècle, vous criiez déjà *Vive Napoléon!* Répétez aujourd'hui ce cri qui vous rappelle et vos jeunes années et votre ancienne gloire; ce cri qui, en face du danger vous enflammait de tant d'enthousiasme et de courage : *Vive Napoléon!* »

M. le préfet des Vosges était accompagné de plusieurs sous-préfets et conseillers de préfecture, parmi lesquels se trouvait M. le baron Petiet, sous-préfet de Neufchâteau, fils du général de ce nom, député au corps législatif et petit-fils d'un dignitaire de l'empire. Le Prince a parcouru les rangs pressés de ces représentans des populations vosgiennes, qui l'ont acclamé avec enthousiasme.

Son Altesse est montée ensuite dans une élégante voiture attelée de huit chevaux, offerte par M. Ottenheimer, aujourd'hui adjoint du maire de Nancy. Le Prince avait à sa gauche M. de Saint-Arnaud, ministre de la guerre; en face, M. de Sivry, préfet de la Meurthe, à côté duquel était assis M. le maire de Nancy. La voiture s'est mise en marche escortée à la portière de droite par M. le général Marey-Monge, commandant la division, et à celle de gauche, par M. le général de Saint-Mars, commandant la subdivison. Elle était précédée de M. le colonel de gendarmerie, et suivie de M. le chef d'escadron et du capitaine trésorier de la compagnie de la Meurthe.

En avant garde marchait un peloton de chasseurs à cheval, commandé par un officier et précédé de deux chasseurs, la carabine au poing.

La gendarmerie de l'arrondissement, commandée par le capitaine Hochapffel, formait la tête du cortège, que fermaient des détachemens de cavalerie.

Puis venaient deux calèches, attelées de quatre chevaux, dans lesquelles se trouvaient les ministres et la maison militaire du prince, suivies d'un grand nombre d'autres voitures.

Le cortége, en sortant du débarcadère, a pris la rue Mazagran pour passer sous la porte Stanislas, convertie en arc-de-triomphe; elle était surmontée d'une aigle colossale, dont les ailes dorées reflétaient les derniers rayons du soleil, et son ornementation était composée de drapeaux aux couleurs nationales, et de guirlandes de verdure, avec cette inscription :

A Louis-Napoléon.

Depuis le débarcadère jusqu'à la préfecture, l'infanterie formait la haie.

Le Prince a été accueilli par de vives acclamations en descendant la belle et large rue Stanislas, dont les maisons étaient pavoisées. Les fenêtres étaient garnies de dames en toilette qui agitaient leurs mouchoirs et jetaient des fleurs, tandis que la population suivait la voiture du Prince avec une curiosité insatiable. Près de la place où s'élève la statue du roi de Pologne, la foule compacte et empressée, criait avec un redoublement d'enthousiasme : *vive Napoléon !* Emu de ce spectacle et charmé du coup-d'œil splendide qu'offrait ce concours de citoyens enfermés dans un cercle de palais, le Prince s'est levé tout debout dans sa voiture, et sa satisfaction s'est exprimée par ces mots : « C'est superbe ! »

Son Altesse est descendue de voiture à la préfecture, où tout était préparé pour sa réception.

Les troupes se sont retirées immédiatement, et la population à laquelle elles cédaient la place se rapprochant comme les eaux d'un fleuve dont la digue vient de se rompre, a acclamé de nouveau le chef de l'Etat.

Le Prince, reçu sous le pérystile du palais par Mme de Sivry, lui a offert son bras, et s'est rendu par l'escalier d'honneur, au milieu des orangers, des myrthes, des lauriers et des hortensias, dans le grand salon où l'attendaient MM. le premier président, le procureur général, l'évêque et ses grands vicaires, les généraux en retraite, le président du Tribunal civil, le procureur de la République, le président du Tribunal de commerce, les présidens des Consistoires et le recteur de l'Académie.

Au fond du salon, s'élevait une estrade ornée de drapeaux tricolores et verts entrelacés, et surmontée d'un dais en velours rouge, semé d'abeilles d'or ; la travée de face du baldaquin supportait l'aigle impériale. Un fauteuil doré portait le chiffre L. N. Des massifs de fleurs complétaient l'ornementation, que rehaussait l'éclat des lumières.

Le Prince se retourna, en entrant, vers M. le préfet, qui l'accompagnait, et lui dit :

— « Mais, Monsieur le préfet, c'est un trône !

— Prince, lui répondit M. de Sivry, il vous attend. »

Son altesse impériale, suivie des ministres et de sa maison militaire, s'étant placée sur cette estrade et ayant à sa droite M. de Sivry, les réceptions officielles ont commencé immédiatement, dans l'ordre réglé par le décret du 24 messidor an xii.

Parmi les fonctionnaires étrangers au département qui ont été admis à l'honneur de présenter leurs hommages au Prince, se trouvaient MM. le comte Malher, préfet de la Moselle, Depercy, préfet des Vosges, et les personnes qui les accompagnaient, ainsi que M. de Gerando, procureur général, et quelques magistrats de la Cour d'appel de Metz.

Aucune harangue ne devait être prononcée.

En présentant la Cour d'appel, M. le premier président Quenoble a déposé entre les mains du Prince le discours dont voici la teneur :

« Monseigneur,

» Il y a deux ans, j'avais l'honneur de vous dire que vous portiez la fortune du pays.

» Et, effectivement, depuis cette époque, sous votre influence, tout s'est transformé.

» Le pouvoir marche dans la voie qui lui appartient, libre, actif et puissant à faire le bien.

» Et c'est ainsi que commencent ou s'achèvent tous ces grands travaux et ces voies de fer auxquels la vie a été donnée ou rendue.

» Les passions politiques, honteuses désormais de leur stérilité, n'ont d'autre refuge que le bon sens général.

» Ces passions sont rares en Lorraine.

» Les populations ne s'y mettent point en grève : intelligentes et laborieuses, elles supportent avec résignation les mauvais jours.

» Mais viennent les bons, comme maintenant, elles sont empressées à rendre au chef de l'Etat, en gratitude et dévouement, ce qu'il leur a donné en justice, en sécurité et en bien-être.

» Permettez-moi de vous dire, Monseigneur, que votre présence parmi nous est un nouveau bienfait très vivement senti, spécialement par la Cour d'appel.

» Tous les fonctionnaires qui vous entourent de leurs hommages voudront, s'inspirant de l'élévation de vos idées et de la générosité de vos sentimens, consolider de plus en plus votre œuvre et la perpétuer.

Mgr. Menjaud, évêque de Nancy et de Toul, précédant son chapitre et les curés de la ville, s'en est fait en ces termes l'organe auprès de Son Altesse :

« Monseigneur,

» L'atmosphère se prête à toutes les formes des lieux où elle pénètre pour y porter la vie. Ainsi la Religion, bienfaisante atmosphère des âmes, se prête à la variété des formes sociales sur tous les points du monde, pour vivifier, fortifier et réjouir les peuples par son intervention salutaire. Ce qu'elle demande seulement, c'est la justice avec une sage liberté, cette liberté du bien qui subsiste par la répression du mal.

Permettez-moi, Monseigneur, de compléter ma pensée en disant que l'élément religieux se développe également dans les palais, dans les chaumières, et jusque dans les cachots, parce qu'il trouve partout des âmes à éclairer, à consoler, à réhabiliter.

» Mais si la Religion se prête à toutes les constitutions sociales avec une condescendance inépuisable, il lui est permis néanmoins de réserver ses prédilections pour les pouvoirs humains, qui savent reconnaître et respecter ses droits, apprécier les bienfaits, et qui travaillent sans relâche à la prospérité publique par le développement de toutes les forces régulières que Dieu a mises au sein de l'humanité.

C'est assez vous dire, Monseigneur, combien le clergé du diocèse de Nancy éprouve de respectueuse sympathie pour votre personne et pour le gouvernement que vous avez inauguré par une courageuse initiative, ratifié, et en quelque sorte consacré par huit millions de suffrages qui vous ont proclamé le sauveur de la patrie.

» C'est ce qui vous expliquera aussi la joie qu'excite partout votre présence. Nos populations si bonnes, si judicieuses et si reconnaissantes, sont heureuses de saluer dans le chef de l'Etat le digne héritier d'un grand nom, dans lequel, grâce à vous, Monseigneur, sont venus se réunir aux souvenirs de gloire qui font battre tous les cœurs vraiment français, les idées plus douces et plus précieuses encore, de paix, de sécurité, d'espérance et de bonheur.»

M. Guillemin, recteur de l'Académie, a exprimé ainsi les sentimens du corps enseignant :

« Monseigneur,

» L'administration académique et le corps enseignant de la ville de Nancy ont l'honneur de vous offrir leurs hommages les plus respectueux et leurs vœux les plus sincères. Nous aussi, Prince, nous avons à nous féliciter de la courageuse énergie avec laquelle vous avez fait triompher les grands et éternels principes de l'ordre. Pour que l'éducation publique soit forte et féconde, il faut que la patrie soit tranquille et son avenir assuré. Les folles agitations, les faux systèmes sont funestes à la culture des intelligences aussi bien qu'à la grandeur des Etats. En rétablissant la discipline sociale, vous avez, Prince, raffermi celle des écoles, et en reconstituant le pouvoir au sommet du Gouvernement, vous avez fortifié l'autorité des maîtres. Notre tâche à nous, prince, est de répondre aux vues d'une administration sagement réparatrice, de garder soigneusement, sous vos auspices, les traditions scientifiques et littéraires dont l'empereur confia le dépôt au corps que nous représentons, et de vous seconder, par une saine direction de l'enseignement, dans cette œuvre de restauration sociale que vous avez si vaillamment entreprise et que vous poursuivez si noblement. »

Les instituteurs primaires de l'arrondissement de Nancy ont également voulu témoigner tout leur dévouement au chef de l'Etat. Ils lui ont fait remettre l'adresse suivante :

« Monseigneur,

» Les instituteurs primaires de l'arrondissement de Nancy sont heureux d'avoir l'occasion d'exprimer au prince Président le sentiment de dévouement et de confiance que de glorieux souvenirs et sa sagesse leur inspirent. Ils font des vœux sincères pour que sous ses auspices l'ordre et la prospérité dont ils ont accueilli avec enthousiasme les prémices, continuent à régner. Ils ont la plus grande foi dans l'avenir, et ils espèrent que l'éducation de la jeunesse la rendra digne des desseins qu'a conçus pour elle le prince Président. »

Le Consistoire israélite, non moins désireux de ne pas laisser douter de son patriotisme et de son affection pour Louis-Napoléon, le lui a dit par l'organe de son président :

« Monseigneur,

» Le Consistoire israélite de Nancy vient avec bonheur joindre sa part de respectueux hommages aux mille preuves d'amour que vous recueillez sur vos pas.

» Il y a deux ans environ, celui qui a aujourd'hui l'insigne honneur d'être l'organe de ses collègues, vous assurait des sentimens de dévouement de tous ses co-religionnaires.

» Maintenant un lien bien plus fort nous unit à vous, celui de la reconnaissance.

» La France allait peut-être périr dans les dernières convulsions de l'anarchie : patrie, famille, religion, tous ces biens si chers au cœur de l'homme, tout allait s'abîmer dans le gouffre révolutionnaire, lorsque votre héroïque audace a tout sauvé.

» Grâces vous en soient rendues, Monseigneur.

» Croyez-le bien, nous n'oublierons jamais ce que vous avez fait pour la patrie, et nous apprendrons à nos derniers neveux à se le rappeler toujours. »

Lorsque les réceptions ont été terminées, M. le comte Turgot, ministre des affaires étrangères, a présenté au chef de l'Etat S. E. le lieutenant-général de Hirschfeld, commandant en chef les forces prussiennes dans la province Rhénane, qui avait reçu de S. M. le roi de Prusse la mission de venir complimenter Louis-Napoléon à l'occasion de sa venue sur la frontière d'Allemagne.

Le Prince s'est entretenu en allemand avec l'ambassadeur, qui lui avait adressé ses complimens dans cette langue.

A neuf heures du soir, S. A. s'est mise à table. Les personnes qui l'accompagnaient et quelques hauts fonctionnaires restés dans les salons sont les seuls qui ont eu l'honneur de dîner avec elle, ce dîner n'étant pas officiel.

Louis-Napoléon avait à sa droite Mme de Sivry, et à sa gauche l'envoyé de S. M. le roi de Prusse ; M. de Sivry, préfet du département, placé en face du prince, avait à sa droite M. le comte Turgot, ministre des affaires étrangères, et à sa gauche M. de Saint-Arnaud, ministre de la guerre. Parmi les autres convives se trouvaient, avec les officiers de la maison militaire, M. Fould, sénateur, M. le baron de Lacrosse, secrétaire du Sénat, M. Henry Chevreau, secrétaire général du ministère de l'intérieur ; M. le général Marey-Monge, commandant la division, le général de Saint-Mars, commandant le département ; M. le baron Buquet, député de la Meurthe, actuellement maire de Nancy ; le colonel de Roon, aide-de-camp de l'envoyé de Prusse ; M. de Monbel, inspecteur général de police, etc.

« Ce jour là, comme le dit un des narrateurs du voyage, » Nancy n'a pas eu de nuit. » Les derniers rayons du soleil, déjà voilés par de gros nuages, précurseurs de l'orage qui éclata le lendemain, n'étaient pas encore éteints, que la place Stanislas et la place Carrière étaient resplendissantes de lumières. L'hôtel de la Préfecture était surmonté d'une aigle gigantesque et lumineuse, sous laquelle se trouvaient les deux lettres L. N., dans une couronne en verres de couleur ; l'Hôtel-de-Ville était splendidement illuminé. Des feux de Bengale allumés sur le couronnement de la porte Royale, répandaient une vive clarté, et donnaient à la place, une des plus belles et des plus gracieuses de France, l'aspect d'un décor d'opéra.

A onze heures moins dix minutes, le Prince a quitté la préfecture pour se rendre au bal qui lui était offert par la cité dans les salles du Musée qui font partie de l'Hôtel-de-Ville ; huit piqueurs portant des torches et montés sur de magnifiques chevaux blancs, précédaient sa voiture, qui n'avançait que lentement au milieu de la foule avide de le saluer de nouveau. Les cris de *vive Napoléon !* retentissaient de tous côtés.

Le Prince a été reçu par le maire et les commissaires du bal, parmi lesquels se trouvaient MM. Collenot, Ottenheimer et Bernard, tous trois aujourd'hui adjoints du maire de Nancy. Ils l'ont conduit à l'estrade dressée dans le fond du salon d'honneur, où S. A. a fait asseoir à sa droite Mme de Sivry, et M. le préfet à sa gauche. La maison militaire se tenait derrière.

Le prince Président a ouvert le bal.

Le quadrille était ainsi composé :

S. A. conduisait Mme de Sivry ;

M. le général de Saint-Mars, Mme Drouot, femme du député.

M. le commandant des provinces Rhénanes, Mme Waïsse, femme du procureur général ;

M. le baron Buquet, député, Mlle Didelot, fille d'un négociant.

M. Guillemin, recteur de l'Académie, Mme Gault, femme de M. le lieutenant-colonel commandant la place ;

M. le colonel du 8e chasseurs, Mlle Laguerre ;

M. E. Noel, négociant, Mlle Volland, fille d'un membre du Conseil général ;

M. Blaise, membre du Conseil municipal, Mme Lemoine ;

Plus de trois mille personnes assistaient au bal.

La physionomie du Prince était gaie; il a fait le tour des salons, donnant le bras à Mme de Sivry, et a reçu avec sa bienveillance ordinaire les personnes qui lui ont été présentées.

Dans cette soirée, l'accueil fait à S. A. a été non seulement respectueux, mais sympathique. On ne se souvient pas que jamais souverain ait été mieux accueilli.

Dans cette promenade autour des salons, les regards de Louis-Napoléon se sont portés sur une vitrine qui contient des cheveux du captif de Sainte-Hélène, ainsi que le sabre, souvenir d'Egypte, que reçut des mains de l'Empereur le sage Drouot, qui, à sa mort, donna ces objets à sa ville natale. Il s'y arrêta quelques instans, plongé dans des réflexions qui semblaient l'absorber tout entier.

A minuit, le Prince quittait le bal pour rentrer à la préfecture, où l'ont accompagé les acclamations dont il n'a cessé d'être entouré toutes les fois que le peuple a pu l'apercevoir.

La Lorraine a été, sous l'Empire, une des provinces les plus fécondes en illustrations militaires. Tout ce qui lui rappelle la gloire de cette époque, à laquelle chaque famille a pris une part quelconque, réveille son patriotisme. C'est ainsi qu'au 10 décembre les populations n'ont tenu aucun compte des avis des hommes les plus influens de la contrée, et qu'au 20 décembre elles ont été presque unanimes à conférer à Louis-Napoléon un pouvoir qu'aujourd'hui les conseils municipaux de toutes les communes veulent rendre héréditaire.

II.

JOURNÉE DU 18.

Dès six heures du matin et malgré la pluie qui menaçait, une foule considérable remplissait les rues et les places que devait traverser Louis-Napoléon.

Avant de monter en voiture pour se rendre à la garè du chemin de fer, le Prince, sur la place Carrière, en présence des troupes qui devaient lui servir d'escorte, remit la croix de commandeur à M. le colonel de Puibasque, chef d'état-major de la division. Il distribua aussi plusieurs croix d'officiers et de chevaliers, ainsi que des médailles aux officiers et soldats de la garnison.

S. A. fut reconduite à la gare avec le même cérémonial que la veille et ayant dans sa voiture les mêmes personnes.

Le chef de l'Etat est parti de Nancy, comme il y était arrivé, salué par ce long cri de bénédiction et d'enthousiasme qui s'est continué sur toute sa route.

A sept heures et demie, cent un coups de canon ont annoncé son départ. Les fonctionnaires de tous ordres attendaient à la gare, dont les abords étaient garnis par la population nancéienne tout entière qui, lorsque le Prince est monté dans son wagon, lui renouvela avec énergie les témoignages de sympathie et d'affection qu'elle lui avait déjà donnés.

Le convoi se mit en marche au bruit des détonations de l'artillerie. Après avoir traversé les stations de Saint-Nicolas-de-Port, Rosières et Blainville-sur-l'Eau, qui avaient élevé des arcs-de-triomphe, et près desquels se trouvaient réunies les populations des communes de Barbonville, Damelevières, Haussonville, Vigneulles, etc., il arrive à Lunéville où se pressait une foule considérable accourue de tous les points de l'arrondissement.

A la place de l'embarcadère, on avait improvisé des tentes, dont nous aurons occasion de parler en rapportant la réception officielle faite quelques jours après à Lunéville.

La pluie qui tombait avec une violence extrême, n'a pas empêché Louis-Napoléon de descendre et de traverser les rangs que formaient les autorités venues pour lui offrir leurs hommages et lui dire leurs espérances de le conserver plus longtemps à son retour.

Des détachemens d'artillerie, qui pendant toute la durée de la présence du Prince mêlaient le bruit retentissant de leurs pièces aux sons pieux et solennels des cloches de l'église, et ces beaux régimens de dragons et de chasseurs qui composent la garnison, s'étendaient en lignes profondes et mêlaient leurs acclamations à celles de la foule.

A Lunéville, comme dans tous les chefs-lieux d'arrondissement, M. le préfet de la Meurthe, au nom et sur l'ordre du prince, a remis de nouveaux secours à ces vieux témoins de la gloire impériale, que presque chaque village lorrain possède encore.

Sur toute la ligne, le silence habituel de la campagne était à chaque instant interrompu par les cris de *vive Napoléon! vive l'Empereur!* poussés par les populations qui avoisinent le chemin, et par la troupe qui çà et là gardait les passages. Les habitans de Bénaménil, de Thiébauménil, Domjevin et Vaucourt s'étaient joints à ceux des stations de Marainviller et d'Emberménil, que les autorités locales avaient décorées avec le plus grand soin.

La pluie tombait toujours et redoublait même d'intensité lorsque le convoi est arrivé dans la gare de Sarrebourg.

Les populations, pressées autour des autorités, tout en maudissant le mauvais temps qui leur ravissait un bonheur impatiemment attendu, témoignaient par leurs gestes et leurs cris à l'hôte auguste auquel elles avaient donné l'hospitalité deux ans auparavant, tout leur dévouement et toute leur reconnaissance.

Le Prince a voulu encore descendre de son wagon, et M. le préfet a pu lui présenter M. Solard, sous-préfet, ainsi que les autres fonctionnaires de l'arrondissement de Sarrebourg, au milieu desquels la foule s'est mêlée, l'ordre étant assez difficile à maintenir sous l'espèce de déluge qui inondait la tente élégante disposée pour la réception.

M. Haumant, maire de Sarrebourg, a remis au Prince un discours qui exprime avec vérité le sentiment de ses concitoyens. Le voici :

« Monseigneur ,

» Il y a près de deux années, lorsque vous visitiez les populations de cette partie de la France, interprète des habitans de Sarrebourg, j'ai eu l'honneur de vous présenter leurs vœux.

» Aujourd'hui je viens vous exprimer notre vive et profonde reconnaissance. Ces vœux si sincères étaient l'expression de notre foi : nous avions confiance dans le Prince qui veut le bonheur et la grandeur de la France, et elle n'a pas été déçue.

» Vous avez arrêté, par votre énergique patriotisme, des passions qui tendaient au bouleversement et à l'anarchie, et enfin donné la sécurité nécessaire à la prospérité de cette France dont les destinées reposent entre vos mains.

» Daignez agréer nos hommages et le dévouement de ce peuple qui prie Dieu de conserver de longs jours au Prince qui le protège. »

Le président du tribunal civil a également eu l'honneur de présenter ses hommages à S. A. I., en lui remettant l'adresse suivante :

« Monseigneur,

» La magistrature , à son tour, a l'honneur de déposer à vos pieds l'hommage de son profond respect, l'expression bien sentie de son dévouement et de son admiration.

» Vous avez résolu , par votre sollicitude en toutes choses et vos sages institutions , de devenir le père de ce peuple que vous avez sauvé et qui vous a acclamé. Dieu vous guide, monseigneur, et la nation entière applaudit aux décrets de la Providence et à vos inébranlables résolutions.

» Pour la seconde fois, nous avons le bonheur de saluer votre passage à Sarrebourg. En 1850 , vous daignez vous y reposer, vous jugez déjà du bon esprit et de l'élan de nos populations. Elles souffrent cet hiver ; vous soulagez leur misère avec empressement et générosité. Aujourd'hui, vous nous faites l'insigne honneur de nous consacrer encore quelques précieux instans en inaugurant cette grande ligne de l'Est , qui va relier Sarrebourg à Paris et à Nancy, qui garantit à nos pauvres contrées des ressources nouvelles , des communications plus étendûes et plus faciles et leur promet surtout un meilleur avenir.

» Béni soit votre nom , monseigneur ! La petite ville de Sarrebourg , véritable trait-d'union entre la Lorraine et l'Alsace , et dans laquelle ne battent que des cœurs reconnaissans pour vous , gardera religieusement le souvenir de vos bienfaits et de votre double visite.

» Puisse-t-elle répéter bien longtemps avec nous ce cri désormais populaire et cher à tous les Français : *Vive le prince Louis-Napoléon !* »

Avant de quitter cette dernière ville de la Lorraine, et après avoir fait distribuer des brevets de pension viagère à de vieux serviteurs de l'Empereur, le Prince a décoré de la médaille un sergent de la garnison de Phalsbourg, ainsi que le gendarme Ditsch , de la brigade de Sarrebourg ; puis il est remonté dans son wagon, qui, quelques instans après, entrait dans la vallée de Lutzelbourg, si pittoresque et si riche en souvenirs historiques, et où le génie de notre époque, prenant à témoin les ruines féodales qui couronnent les cîmes de ses montagnes, a vaincu les obstacles que semblait lui opposer la nature.

Les populations de cette frontière de la Lorraine et de l'Alsace avaient élevé un arc de triomphe en style gothique d'un magnifique effet. Plus de 20,000 paysans avec leur costume national étaient rassemblés autour de la station, et l'on en voyait étagés sous les rochers qui leur servaient d'abri, jusqu'au pied des murailles du vieux castel.

Toutes les administrations municipales du canton de Phalsbourg s'étaient fait les conducteurs de ces petites caravanes descendues des montagnes de plus de six lieues à la ronde. Le clergé, qui, dans ces contrées lointaines, soulage les populations pauvres et honnêtes qui ont foi en lui, s'était aussi trouvé au rendez-vous. Les curés ont fait une adresse collective que l'un d'eux a remise lui-même au Prince. La voici :

« Monseigneur,

» Une fois déjà le clergé du canton de Phalsbourg a eu l'insigne honneur d'offrir l'hommage de son respect à l'Elu de la nation. Aujourd'hui il vient, avec un renouvellement de bonheur, protester de son parfait dévouement au sauveur de la Société, de la famille et de la religion.

» Par l'acte énergique du 2 décembre, vous avez, monseigneur, retiré la France de l'abîme dans lequel elle allait être précipitée ; grâce vous en soit rendue. Aussi ne cesserons-nous de prêcher aux peuples qui nous sont confiés, les saines doctrines, et nous leur inculquerons le respect qu'ils doivent au pouvoir si légitimement établi, ainsi que la soumission qu'ils doivent aux lois de la patrie ; nous leur en donnerons l'exemple. Nous prierons également le Seigneur pour que, dans sa miséricorde, il daigne conserver à la France, pendant de longues années, l'homme de sa droite, le Prince qui accorde une protection si éclairée à l'Eglise, et qui comprend que, pour bâtir solidement, il faut appeler le Tout-Puissant en aide.

» Daignez donc, monseigneur, agréer, avec nos sincères félicitations, les sentimens de notre vive reconnaissance pour tout ce que vous faites chaque jour en faveur de la société et de la religion. »

Parmi les jeunes filles chargées d'offrir des fleurs au prince, une d'elles, Mllé Hoffer, fille de l'adjoint de Phalsbourg, a été embrassée par Son Altesse, qui paraissait vivement émue de cette réception simple, touchante et surtout sincère.

On entendait encore les acclamations de ces braves gens, au milieu du souterrain qui traverse la chaîne des Vosges.

Le cri de *Vive l'Empereur !* longtemps prolongé, est le seul que l'écho de ces montagnes ait eu à répéter.

Quelques minutes après, le convoi présidentiel s'arrêtait à Saverne, où M. le général commandant la division, M. le préfet de la Meurthe, M. le général commandant la subdivision, le colonel de gendarmerie, ont cédé leurs places aux autorités du Bas-Rhin.

Cette première traversée de Louis-Napoléon dans la Meurthe a été pour lui un triomphe permanent. Mais qu'aurait-ce été, si un temps affreux ne fût venu mettre obstacle à l'exécution des ovations que les populations, heureuses de le voir, lui avaient préparées avec tant de sollicitude et de joie !

III.

JOURNÉE DU 22.

Quoiqu'il ait été annoncé qu'au retour le convoi présidentiel ne s'arrêterait point, le prince a rencontré, à toutes les stations de la ligne, la même affluence qu'à son arrivée. Presque partout S. A. a mis pied à terre pour se mêler aux ouvriers des campagnes, réunis sur son passage.

Les autorités civiles et militaires de la Meurthe et de la troisième division militaire, remplacèrent à Saverne celles du Bas-Rhin près du Chef de l'Etat.

M. de Sivry, préfet, s'était rendu jusqu'à Strasbourg, où il a pu présenter ses hommages au prince à son arrivée de Bade.

Les dernières acclamations lorraines que l'orage porta, le 19, dans les plaines d'Alsace, revinrent dans nos montagnes sur des rayons de soleil. Aussi, à Lutzelbourg, qui, de dernière station au départ, devint la première au retour, les populations rurales, plus nombreuses encore, voulurent cette fois profiter de la sérénité du ciel qui donnait à cette riche nature un éclat extrordinaire, pour saluer le neveu de l'empereur et le contempler. Chaque rocher portait encore un groupe d'hommes, et, sur la voie, c'était à qui approcherait de plus près le wagon du prince.

Les cris de *Vive Napoléon !* et de *vive l'Empereur !* traduisirent les sentimens de ces hommes qui, rattachant le souvenir du passé aux bienfaits du présent, laissaient voir leurs espérances dans l'avenir.

Ces démonstrations se répétèrent à Sarrebourg, où les fonctionnaires, les maires, les curés, etc., des communes toutes entières de l'arrondissement, au milieu desquels se trouvaient M. le colonel Perrin, baron de l'Empire, et le comte Villatte, fils et neveu de généraux de l'Empire, aujourd'hui membre du conseil général, s'étaient réunis une seconde fois pour saluer de nouveau le chef de l'Etat.

Il est fâcheux que, pour éviter les répétitions, les mots n'aient pas assez de synonymes pour peindre ces élans du cœur des habitans des campagnes et ces accentuations vigoureuses de la voix populaire. La joie des populations satisfaites ne se fatigue point !

Une heure et quelques minutes après avoir quitté Sarrebourg et traversé les stations d'Héming, d'Avricourt, d'Emberménil et de Marainviller, où les habitans de toutes les communes des environs, au nombre de plus de 10,000, s'étaient rendus, on entend l'artillerie qui tonne, les cloches qui sonnent comme aux grands jours de fêtes. On arrive à Lunéville. Il est cinq heures. Le train s'arrête, les trompettes de la cavalerie se mêlent aux cris de la foule et le prince met pied à terre sous une tente élégante, dressée là où, comme il a déjà été dit, doit s'élever la gare. S. A. était attendue par M. Génin, sous-préfet, et par le conseil municipal de la ville, ayant à sa tête le maire, M. Parmentier, qui lui a adressé ce discours :

« Monseigneur,

» Le conseil municipal s'empresse de venir vous offrir par mon organe, ses hommages respectueux ainsi que ceux de la population toute entière, qui est désireuse de revoir celui auquel la France doit le rétablissement de l'autorité et le retour de la confiance.

» C'est à l'ombre de la sécurité dont nous jouissons sous votre gouvernement que le pays peut voir se développer ces voies rapides de communication qui doivent resserrer encore les liens qui unissent déjà toutes les contrées de France, et qui, répartissant avec célérité tous les produits, nivelleront les prix au grand avantage de tous. Alors, nous ne verrons plus les inégalités fréquentes et inévitables dans le rendement des céréales, être pour certaines contrées une cause de malaise par leur bas prix, et pour d'autres, une calamité par leur cherté.

» C'est là, assurément, un des immenses avantages que les populations sont appelées à recueillir de la création des chemins de fer, et leur ouverture fera époque dans les annales des contrées par où ils passent.

» Vous avez voulu, monseigneur, présider à ces grands événemens, nous vous en remercions, votre présence les fixera davantage encore dans la mémoire des populations, dont la reconnaissance vous est déjà acquise à tant de titres.

» Nous vous remercions d'avoir bien voulu honorer notre ville d'un plus long séjour que nous n'avions osé l'espérer. »

Puis le prince est entouré d'un essaim de charmantes jeunes filles vêtues de blanc, et portant des nœuds aux couleurs de S. A. Une d'elles, Mlle Monnier, en lui offrant un magnifique bouquet, a prononcé les paroles suivantes :

« Au milieu de ces acclamations unanimes qui saluent de toutes parts le sauveur de la France, d'humbles jeunes filles osent à peine élever la voix pour adresser à Votre Altesse leurs hommages et leurs vœux.

» Daignez, prince, agréer ces fleurs, seule offrande qu'il nous soit permis de mêler à ces honneurs empressés qui vous accueillent à chaque pas. Mais si nos bouches restent muettes, croyez que nos cœurs redisent bien souvent votre nom , et qu'avec le souvenir de vos bienfaits, ils vous gardent tous les sentimens du respect le plus profond et de la plus vive reconnaissance. »

Un aimable sourire et quelques mots empreints d'une extrême bienveillance ont été la réponse du prince ; puis cette fraîche et ravissante cohorte défila devant S. A., remettant entre ses mains les fleurs dont chacune était chargée.

La réception des autorités a eu lieu immédiatement, là, en plein air, en présence de toute la population.

Le clergé a été présenté par Mgr l'évêque, arrivé de Nancy quelques instans avant le prince.

M. le baron Buquet, député au Corps législatif, le brave général Gusler, en tête des officiers en retraite, et M. Guérard, ancien maire de la ville et membre du conseil général, étaient aussi au nombre des personnes venues pour complimenter le chef de l'Etat.

Au défilé des maires des communes rurales, les cris de *vive Napoléon !* et de *vive l'Empereur !* retentirent et furent répétés par des échos, qui se prolongèrent au milieu de la foule.

L'enthousiasme grandit encore lorsque le prince monta à cheval, entouré du ministre de la guerre, des généraux Roguet, Canrobert, de Lourmel, ses aides-de-camp, des officiers de sa maison militaire, de Beville, de Fleury, de Toulongeon, Favel, Berkein, Tascher de la Pagerie, et des généraux Marey-Monge et Reyau ; il traversa les principales rues, gardées par une double haie de troupes, au milieu d'un prodigieux concours de citoyens, pour se rendre au Champ-de-Mars, où la cavalerie était rangée en bataille.

Deux arcs de triomphe, dont l'un surmonté d'une aigle colossale, avaient été élevés sur son passage, et les fenêtres des maisons étaient pavoisées.

En arrivant sur le terrain où il a été salué par deux salves de 101 coups de canon, tirées par les batteries de la garnison, Louis-Napoléon est passé au galop devant le front des escadrons, puis il est allé se placer au centre du champ, et les manœuvres ont commencé.

La division de cavalerie, composée des 2ᵉ et 8ᵉ chasseurs, 5ᵉ et 6ᵉ dragons, sous les ordres du général de division Reyau, a commencé à exécuter une marche en ligne au galop, qui a produit un magnifique effet. Ces troupes ont ensuite successivement exécuté un changement de front sur la droite de chaque régiment, et un passage de ligne en retraite, la division étant sur deux lignes ; les régimens de chasseurs ont exécuté des charges successives par escadron, puis on a terminé par un défilé général au galop, pendant lequel l'air a retenti des plus vives acclamations.

Avant le défilé, le prince a distribué des croix et des médailles.

En rentrant au Bosquet (c'est ainsi que se nomme la promenade, ancien jardin du palais de Stanislas, et qui touche au champ de manœuvres), S. A. a été accueillie par un cri formidable de *vive Napoléon !* qui l'a accompagnée jusqu'à sa rentrée au château, où des appartemens avaient été disposés pour le recevoir avec sa suite. Les dames agitaient leurs mouchoirs, et tout le monde se pressait pour mieux voir le chef de l'Etat.

A sept heures et demie, un dîner de cinquante couverts, auquel le prince avait invité M. le préfet de la Meurthe, Mgr l'évêque, le sous-préfet de l'arrondissement, le maire de la ville, les généraux et les chefs de corps de la garnison, a été servi dans la salle des Trophées.

Des faisceaux d'armes de cavalerie, entremêlés de drapeaux, et un aigle gigantesque, tenant un foudre auquel étaient suspendues la croix de la Légion-d'Honneur et la médaille militaire, formaient les principaux ornemens de la salle.

Le prince s'est retiré à neuf heures dans ses appartemens pour y goûter un repos devenu bien nécessaire après tant de fatigues et d'émotions.

La ville entière était illuminée.

Parmi les emblêmes dont plusieurs maisons étaient décorées on distinguait une sorte de trophée lumineux, œuvre du sieur Otenin, sergent dans la compagnie de pompiers, qui portait cette inscription en lettres de feu :

Honneur au sauveur de la France !

IV.

JOURNÉE DU 23.

Dès huit heures du matin, Louis-Napoléon, accompagné du ministre de la guerre et des généraux Roguet et Reyau, est allé pour visiter les établissemens militaires. La population était son cortège.

A dix heures, au moment du départ, c'était un coup-d'œil

magnifique. Les troupes, auxquelles se mêlait la population, étaient disposées sur la promenade, dans les rues qui aboutissent à la gare et dans la gare même.

Une décharge d'artillerie annonce l'arrivée du Prince, que l'armée et les citoyens accueillent avec des vivats d'un ensemble qui rappelle Strasbourg. S. A. est dans une calèche découverte, précédée, accompagnée, suivie de généraux, ayant auprès d'elle M. le comte Turgot, ministre des affaires étrangères, M. Bineau, ministre des finances, et M. de Sivry, préfet du département. Le chef de l'Etat reçoit les derniers hommages des autorités civiles et militaires de Lunéville, et monte dans son wagon à dix heures et demie, au milieu des cris de la foule, que le bruit du canon même ne peut dominer. Les escadrons, échelonnés sur le bord de la voie, brandissent leurs sabres et font retentir l'air des cris de *Vive Napoléon! Vive l'Empereur!*

A Rosières et à Saint-Nicolas, où des arcs-de-triomphe avaient été élevés, les mêmes acclamations ont accueilli le Prince, qui a bien voulu y faire arrêter le convoi pour satisfaire aux désirs de ces populations si avides de l'apercevoir.

A une certaine distance de Nancy, on entend déjà le canon qui reste muet dès que le convoi s'arrête dans la gare. Il est onze heures et demie. Les troupes placées sur la voie présentent les armes, les tambours battent aux champs et la population, que le changement dans l'itinéraire avait un instant contrariée, heureuse de revoir le chef de l'Etat, fait éclater de toutes parts, des points même où le prince ne pouvait être aperçu, les acclamations les plus enthousiastes.

Le prince reçoit dans son wagon les principales autorités, auxquelles il exprime tout le regret de n'avoir pu, comme il l'avait pensé, accepter une seconde fois l'hospitalité si gracieuse de la ville de Nancy. Un grand nombre de dames viennent lui offrir des fleurs qu'il reçoit avec cette amabilité qui engage les plus timides à imiter celles qui connaissaient déjà la chevaleresque galanterie du prince.

Des modifications à apporter au train, ont prolongé à la gare de Nancy, la présence de Louis-Napoléon, qui a pu recevoir des pétitions et des réclamations qu'il a accueillies avec une bonté qui témoigne de son ardent désir de rendre justice aux droits méconnus.

Mais le sifflet de la machine annonce par un cri strident qu'elle va partir, et des milliers de voix lui répondent par des vivats qui se prolongent pendant tout le temps que le convoi reste en vue.

Il serait difficile d'évaluer le nombre de personnes qui garnissaient les quais du chemin et tous les abords de la gare. Cette seconde réception faite au prince par la ville de Nancy complète celle du 17 d'une manière digne d'une grande cité animée comme elle d'un dévouement éprouvé.

Un grand nombre d'habitans de l'arrondissement de Château-Salins, accompagnant M. Mazerat, sous-préfet, s'étaient rendus à Nancy, d'autres à Lunéville, comme pour y manifester leurs regrets d'être le seul des arrondissemens de la Meurthe que le prince n'ait pu honorer de sa présence.

Un touchant épisode a signalé le départ. Les cent élèves sourds-muets de l'institut de Nancy et leurs supérieurs, rangés le long du terrain sur lequel doit s'élever l'embarcadère, et se précipitant jusque sur la voie, ont attiré toute l'attention du prince par leurs expressives salutations et leurs applaudissemens. Louis-Napoléon s'est montré très-satisfait et a remercié dans leur langage dactylologique ces malheureux enfans, que son regard rendait si joyeux.

Le train franchit rapidement l'espace jusqu'à Liverdun, où S. A. est descendue pour examiner les magnifiques travaux d'art qui ont été exécutés sur ce point. La Moselle se trouve coupée, à une distance de quelques mètres, par les ponts du chemin de fer et par un autre pont qui donne passage au canal de la Marne au Rhin, au-dessus de la rivière. Les ingénieurs de l'Etat entouraient le prince et lui ont fait connaître toutes les difficultés que l'on a eu à vaincre pour l'établissement de ces monumens.

Plus loin, à la station, où les habitans de Liverdun avaient élevé un arc de triomphe portant cette inscription :

La commune de Liverdun
à Louis-Napoléon,

S. A. s'arrêta quelques instants pour remercier ces braves gens, qui poussèrent des vivats plus bruyans encore. Le maire, M. Pierson, lui remit une adresse reçue avec la plus grande bienveillance. Elle est ainsi conçue :

« Monseigneur, .

» Je suis très-heureux et surtout très-honoré d'être , près de votre auguste personne, l'interprète des habitans de cette commune, pour vous assurer de leur dévouement et de leur vénération. Rien ici bas n'égale leur attachement à votre cause ; au grand nom de Napoléon, tous tressaillent de bonheur.

» Depuis que vous êtes rendu à la France, votre nom illustre a été dans toutes les bouches, comme celui d'un bienfaiteur, d'un sauveur ; il semblait que nous eussions le sentiment de la mission divine qui vous était confiée : aussi nos suffrages comme nos sympathies ont été et seront toujours unanimes. La haute sagesse de votre Gouvernement nous rend doublement heureux de vous avoir accordé une confiance sans bornes que vous méritez à si juste titre. Comptez, grand prince, sur nos bras et sur ceux de nos enfans, comme sur nos cœurs : ils vous sont acquis à jamais.

» Que Dieu daigne vous conserver longtemps à la tête de notre Gouvernement, c'est là notre vœu le plus ardent. »

A l'occasion de cette adresse, il ne sera pas sans intérêt de rapporter les paroles qu'échangèrent le prince qui la reçut et le maire qui la remit ; elles sont encore un témoignage de la sollicitude et de la simplicité de celui qui est vraiment l'Elu du peuple.

Louis-Napoléon remontait avec les ingénieurs les talus du chemin et il alla droit au maire qui l'attendait auprès du wagon d'honneur :

— Vous êtes le maire de la commune, dit le Prince, et c'est pour moi ces papiers que vous tenez ?

— Oui, mon Prince, répondit le maire auquel le ton affable et affectueux de son interlocuteur ôtait la parole.

— Eh bien, reprit S. A., remettez-les moi, je les lirai avec plaisir.

Et elle prit la main de M. Pierson, qui crut ne pouvoir répondre à cet honneur qu'en serrant celle du Prince.

Les populations de Villey-Saint-Etienne et de Saizerais, con-
duites par leurs maires, MM. Thibaut et Thomas, étaient venues
se joindre aux habitans de la commune de Liverdun, pour voir
le neveu de l'Empereur.

A Fontenoy, le Prince, sans que le convoi s'arrêtât, put répondre de la main aux acclamations qui saluaient son passage.

A Toul, un temps d'arrêt seulement de deux minutes avait
été accordé, mais il suffit pour faire deux heureux. Un garde du
génie, M. Muray, présenté par le commandant Masson, reçut la
croix de la Légion-d'Honneur; l'émotion qu'éprouva ce vieux
soldat, qui, pendant ses trente-six ans de service, exposa plusieurs fois sa vie sans sourciller, fut telle qu'on dut le porter
dans une des salles de la gare. Sur la proposition instantanée de
M. Lambert, sous-préfet de cet arrondissement, appuyée par
M. le colonel de la légion, un brave maréchal-des-logis de gendarmerie nommé Antoine, vit attacher également sur sa poitrine,
par le Prince, la médaille qu'il a récemment instituée. D'immenses vivats ont accueilli ces deux actes de justice.

Comme le 17, toutes les autorités religieuses, civiles et militaires se trouvaient à la gare.

M. Georges, curé de la cathédrale, a, au nom du clergé de
Toul, présenté ses hommages au Prince, qui l'a remercié de
l'expression des sentimens qu'il lui témoignait.

M. Dupré, adjoint de la commune de Gondreville, s'avança
vers Louis-Napoléon et lui dit : « Prince, recevez les vœux d'un
ancien officier; ce sont aussi ceux des habitans de Gondreville. »
Merci, mon brave, répondit Son Altesse, dites à vos concitoyens
que je reçois leurs vœux avec bonheur. »

La compagnie de pompiers, sur la belle tenue de laquelle
M. Dollot, son capitaine, reçut des félicitations, occupait les
quais de la gare avec les troupes de la garnison.

Le canon des remparts et les cloches des vieilles basiliques de
cet ancien évêché semblaient reproduire avec leur voix d'airain
le nom de Napoléon, que répétaient à l'envi celles des habitans
qui se pressaient sur tous les points.

Bientôt se présente Foug, dernière station du département;

le prince s'y arrête encore et reçoit les jeunes filles qui lui offrent de nouveau des fleurs. Les populations n'ont pas assez d'yeux pour le voir.

C'est à cette station que Mgr Menjaud, évêque de Nancy et de Toul, qui a accompagné le prince depuis Lunéville, reçoit, sur les limites de son diocèse, l'étoile de la Légion-d'Honneur, que ses longs services dans l'épiscopat lui ont si bien méritée. M. le général Roguet l'a attachée sur la poitrine du prélat. La reconnaissance de l'évêque a été partagée par tout le clergé de la Meurthe, qui a trouvé, dans cette décoration accordée à son chef, la récompense de ses travaux et un encouragement pour continuer, avec dévouement, leur concours au gouvernement chargé d'assurer le bonheur du pays.

A son retour, Louis-Napoléon a voulu acquitter les dettes de son cœur. Sur toute sa route, à Lutzelbourg, Sarrebourg, Lunéville, Liverdun, Toul et Foug, il a laissé aux jeunes filles qui l'ont complimenté des souvenirs de sa satisfaction. A Foug, S. A. a remis encore au maire un bijou destiné à l'élève la plus distinguée de l'école.

De vieux débris de nos grandes guerres ont reçu aussi des marques de sa générosité, et son nom sera béni par bien des familles.

M. de Sivry, préfet, M. le général de Saint-Mars, commandant la subdivision, Mgr l'évêque, M. Lallement, colonel de gendarmerie, M. Lambert, sous-préfet de Toul, et tous les fonctionnaires qui les accompagnaient ont reconduit le prince jusqu'à Commercy, où les autorités de la Meuse ont pris leurs places dans le convoi présidentiel.

Le respect et l'affection dont les populations de la Meurthe ont entouré le chef de l'Etat pendant son séjour dans le département, lui ont témoigné qu'il était bien le représentant unique de la France, et qu'il pouvait compter sur elles pour accomplir ses destinées.

Le dernier cri qu'il entendit en passant la limite de la Meurthe, fut celui de : VIVE L'EMPEREUR !

———

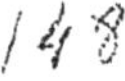

www.ingramcontent.com/pod-product-compliance
Lightning Source LLC
Chambersburg PA
CBHW061721060726
47597CB00006B/2504